高等职业院校"十三五"规划教材

工程制图习题集与任务指导书

主　编 ‖ 罗美莲

副主编 ‖ 欧阳志　刘　靖

西南交通大学出版社
·成都·

图书在版编目（CIP）数据

工程制图习题集与任务指导书/罗美莲主编. —成都：西南交通大学出版社，2018.1（2021.1重印）
高等职业院校"十三五"规划教材
ISBN 978-7-5643-5504-3

Ⅰ. ①工… Ⅱ. ①罗… Ⅲ. ①工程制图–高等职业教育–习题集 Ⅳ. ①TB23-44

中国版本图书馆 CIP 数据核字（2017）第 308582 号

高等职业院校"十三五"规划教材

工程制图习题集与任务指导书	罗美莲 主编	责任编辑 杨 勇
		助理编辑 王同晓
		封面设计 何东琳设计工作室

印张：9　字数：116千	出版发行：西南交通大学出版社
成品尺寸：285 mm×210 mm	网址：http://www.xnjdcbs.com
版次：2018年1月第1版	地址：四川省成都市二环路北一段111号　　　　　西南交通大学创新大厦21楼
印次：2021年1月第2次	邮政编码：610031
印刷：成都中永印务有限责任公司	发行部电话：028-87600564　028-87600533
书号：ISBN 978-7-5643-5504-3	定价：26.00元

图书如有印装质量问题　本社负责退换
版权所有　盗版必究　举报电话：028-87600562

前 言

本书与西南交通大学出版社"高等职业院校'十三五'规划教材"《工程制图及CAD》（欧阳志主编）配套使用，本书在编写过程中注意了以下几点：

1. 本书采用国家标准《道路工程制图标准》（GB 50162—92）的相关规定。

2. 习题内容与教材教学内容配套，习题由易到难，循序渐进，便于学生将所学的理论知识应用于实践；通过练习，培养学生空间思维能力、识读和绘制图样的能力。

3. 为进一步培养学生的绘图能力及严谨细致的工作作风，本书的"任务指导书"部分选取了八个手绘图任务，知识目标、能力目标均与《工程制图及CAD》教材相关模块的理论知识配套，每次任务都有详细的绘图步骤及说明。

本书由湖南高速铁路职业技术学院罗美莲主编，参编人员有湖南高速铁路职业技术学院欧阳志（模块一）、刘靖（模块三）。

由于编者水平有限，书中难免有不足之处，恳请使用本书的教师、学生和广大读者批评指正。

编 者

2017 年 11 月

目 录

模块一　绘制简单工程图样的基本知识

1.1　图线练习 ··· 1
1.2　字体练习 ··· 2
1.3　尺寸标注 ··· 5
1.4　比例 ··· 8
1.5　几何作图 ··· 9

模块二　工程形体投影图的绘制

2.1　三面投影的基本知识 ··· 12
2.2　基本体投影图的绘制 ··· 18
2.3　组合体投影图的绘制 ··· 27
2.4　轴测图的绘制 ·· 39

模块三　工程形体剖断面图的绘制

3.1　剖面图的绘制 ·· 43
3.2　断面图的绘制 ·· 50

模块四　任务指导书

任务一　涵洞洞身正、侧立面图 …………………………………………………………… 52
任务二　墩帽投影图 ……………………………………………………………………… 55
任务三　立交桥图 ………………………………………………………………………… 57
任务四　台阶三面投影图 ………………………………………………………………… 59
任务五　拱桥模型三面投影图 …………………………………………………………… 61
任务六　桥墩模型三面投影图 …………………………………………………………… 63
任务七　拱门模型正等轴测图 …………………………………………………………… 65
任务八　桥台三面投影及剖面图 ………………………………………………………… 67

| 模块一　绘制简单工程图样的基本知识 | 班级 | | 姓名 | |

1.1　图线练习（用 1∶1 的比例抄画下图）

模块一　绘制简单工程图样的基本知识　　班级　　　姓名

1.2　字体练习

图学高立铁路形体技术台

桥梁涵洞结构施练习尺寸

性能钩开始预应力站轨启

线型字体工程投影原理设

班级姓名比例制审核标准组合体模型

平立侧剖路桥图车动完成基本厂场面

模块一　绘制简单工程图样的基本知识	班级		姓名	
1.2　字体练习					

钢筋材料岩保温技术颗粒　　室外地坪蒸压冷弯硅酸盐

强度等级搅合物和易性厚烧结多孔砖　　结构人工挖孔灌注桩屈强比垫层沥青

ABCDEFGHIJKLMNOPQRST　　ABCDEFGHIJKLMNOPQRST

abcdefghijklmnopqrstuvwxyz　　abcdefghijklmnopqrstuvwxyz

1234567890Ø±%　1234567890Ø±%　　1234567890Ø±%　1234567890Ø±%

3

模块一　绘制简单工程图样的基本知识	班级		姓名	
1.2　字体练习				

纵向构造筋箍拉柱框架接

单双肢预埋抗震电素夯实

截面型式封闭对焊绑扎机械施标高米

铝合金推拉栏杆防火轴线大样坑壁板

ABCDEFGHIJKLMNOPQRST

ABCDEFGHIJKLMNOPQRST

abcdefghijklmnopqrstuvwxyz

abcdefghijklmnopqrstuvwxyz

1234567890Ø±%　1234567890Ø±%

1234567890Ø±%　1234567890Ø±%

模块一　绘制简单工程图样的基本知识	班级		姓名	

1.3　尺寸标注

1. 标注长度　　　2. 标注长度　　　3. 标注高度	4. 标注直径

5. 标注半径（第一段圆弧半径为300，第四段圆弧半径为1）	6. 标注角度

模块一　绘制简单工程图样的基本知识	班级		姓名	

1.3　尺寸标注（在平面图形上用 1∶1 的比例量度后，标注尺寸，取整数）

1.

2.

| 模块一　绘制简单工程图样的基本知识 | 班级 | | 姓名 | |

1.3　尺寸标注（左图中尺寸标注有错误，请在右图上正确标注尺寸，不要改变尺寸数字，不要增减尺寸个数）

1.

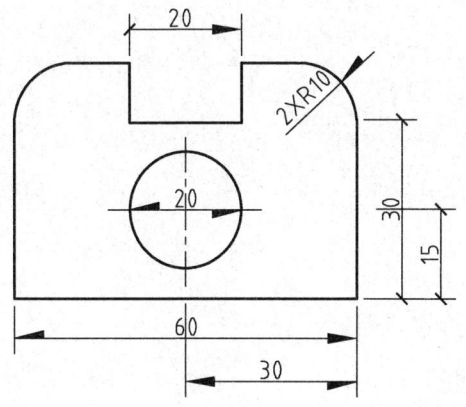

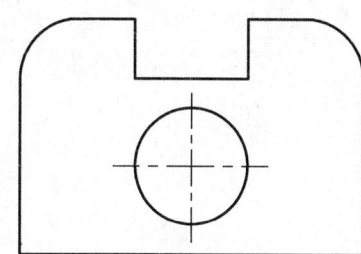

2.

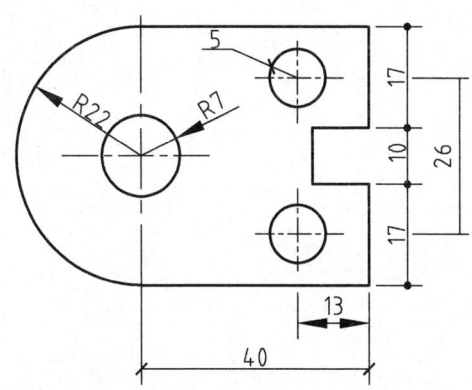

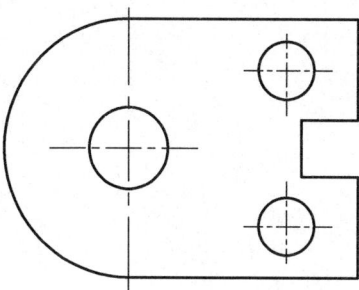

模块一　绘制简单工程图样的基本知识	班级		姓名	

1.4　比　例

1. 用 1∶500 的比例绘制一个直径为 12500 mm 的圆。	2. 用 20∶1 的比例绘制一个长为 2.5 mm、宽为 3 mm 的矩形。

模块一　绘制简单工程图样的基本知识	班级		姓名	
1.5　几何作图				

1. 作圆的外切正六边形	2. 作圆的内接正五边形

模块一　绘制简单工程图样的基本知识		班级		姓名	
1.5　几何作图（自取比例，抄绘下图）					

模块一　绘制简单工程图样的基本知识	班级		姓名	

1.5　几何作图（参照下图作出右图中对应位置的圆弧连接线，并加粗轮廓线）

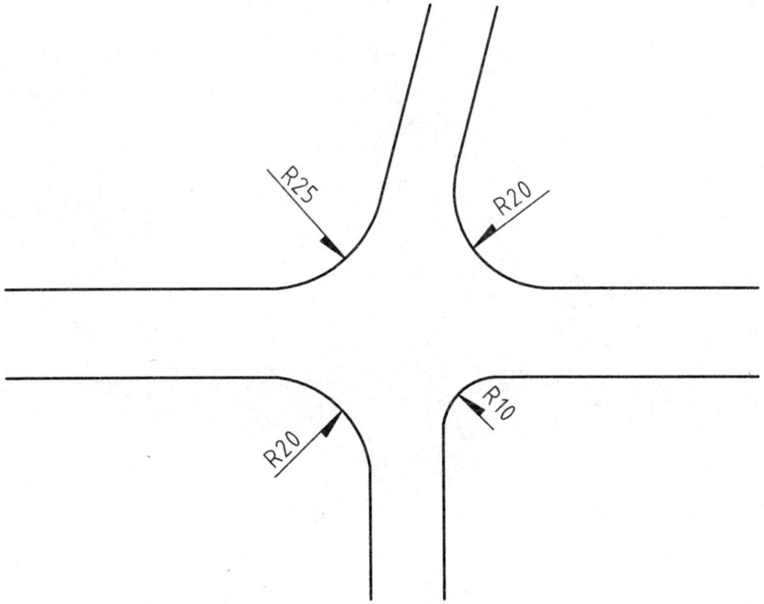

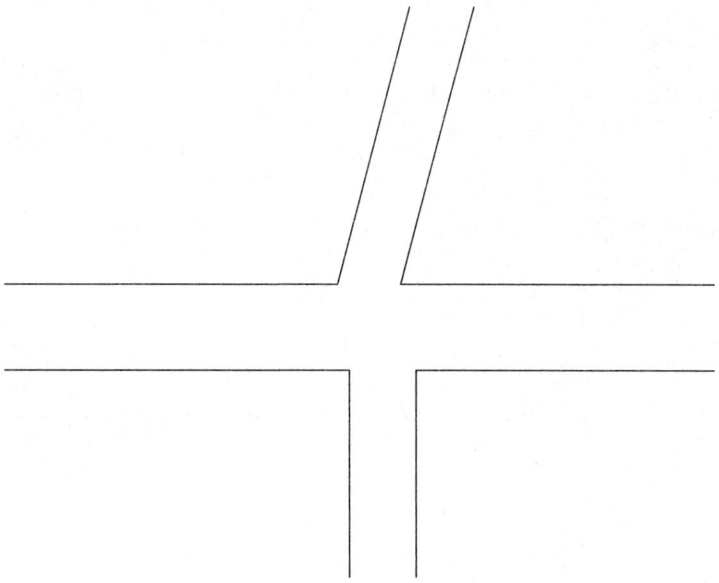

| 模块二　工程形体投影图的绘制 | 班级 | | 姓名 | |

2.1　三面投影的基本知识（根据立体图找出对应的单面投影图，填入编号）

模块二　工程形体投影图的绘制	班级		姓名	

2.1　三面投影的基本知识（补齐三面投影图中的缺漏线）

1.

2.

3.

| 模块二　工程形体投影图的绘制 | 班级 | 姓名 |

2.1　三面投影的基本知识（根据立体图与二面投影补画三面投影图）

1.

2.

3.

| 模块二　工程形体投影图的绘制 | 班级 | | 姓名 | |

2.1　三面投影的基本知识（根据立体图与二面投影补画三面投影图）

1.

2.

模块二　工程形体投影图的绘制	班级		姓名	

2.1　三面投影的基本知识（根据立体图与二面投影补画三面投影图）

3.

4.

模块二　工程形体三面投影图的绘制　　班级　　　　姓名

2.1　三面投影的基本知识（根据立体图与二面投影补画三面投影图）

5.

6.

模块二　工程形体投影图的绘制	班级		姓名	

2.2　基本体投影图的绘制

1. 正五棱柱，高 25 mm　　　　　　　2. T 型棱柱，长 25 mm　　　　　　　3. 四棱台，高 20 mm

| 模块二　工程形体投影图的绘制 | 班级 | | 姓名 | |

2.2　基本体投影图的绘制（补画第三个投影图）

1.

2.

3.

4.

模块二　工程形体投影图的绘制	班级		姓名	
2.2　基本体投影图的绘制（自取比例，绘制其三面投影图并标注尺寸）				

1.

2.

模块二　工程形体投影图的绘制	班级		姓名	
2-2　基本体投影图的绘制（从立体模型上量取尺寸，绘制形体的三面投影图）					

1.

2.

3.

4.

模块二　工程形体投影图的绘制	班级		姓名	

2-2　基本体投影图的绘制（从立体模型量取尺寸，绘制形体的三面投影图）

1.

2.

3.

4.

模块二　工程形体投影图的绘制	班级		姓名	

2.2　基本体投影图的绘制（绘制立体模型的三面投影图并标注尺寸，尺寸取整数）

1.

2.

模块二　工程形体投影图的绘制	班级		姓名	
2.2　基本体投影图的绘制				

1. 圆管，高 20 mm　　　　　　　2. 半圆锥，长 25 mm　　　　　　　3. 平台，高 20 mm

| 模块二　工程形体投影图的绘制 | 班级 | | 姓名 | |

2.2　基本体投影图的绘制（补画基本体的第三个投影图）

1.

2.

模块二　工程形体投影图的绘制	班级		姓名	
2.2　基本体投影图的绘制（根据立体模型，自取比例，绘制其三面投影图并标注尺寸）					

1.

2.

模块二　工程形体投影图的绘制	班级		姓名	
2.3　组合体投影图的绘制（从立体图量取尺寸画其三面投影图，并标注尺寸，尺寸取整数）					

1.

2.

| 模块二　工程形体投影图的绘制 | 班级 | | 姓名 | |

2.3　组合体投影图的绘制（从立体图量取尺寸画其三面投影图，并标注尺寸，尺寸取整数）

3.

4.

模块二　工程形体投影图的绘制	班级		姓名	

2.3　组合体投影图的绘制（从立体图量取尺寸画其三面投影图，并标注尺寸，尺寸取整数）

5.

6.

模块二　工程形体投影图的绘制	班级		姓名	
2.3　组合体投影图的绘制（画立体模型的三面投影图，并标注尺寸）				

1.

2.

模块二　工程形体投影图的绘制	班级		姓名	
2.3　组合体投影图的绘制（画立体模型的三面投影图，并标注尺寸）				

3.

4.

模块二　工程形体投影图的绘制	班级		姓名	

2.3　组合体投影图的绘制（自取比例，画立体模型的三面投影图，并标注尺寸）

1.

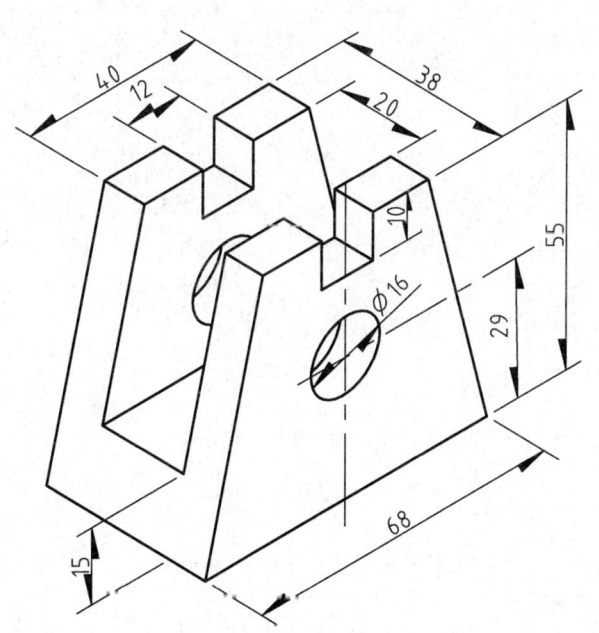

| 模块二　工程形体投影图的绘制 | | 班级 | | 姓名 | |

2.3　组合体投影图的绘制（自取比例，画立体模型的三面投影图，并标注尺寸）

2.

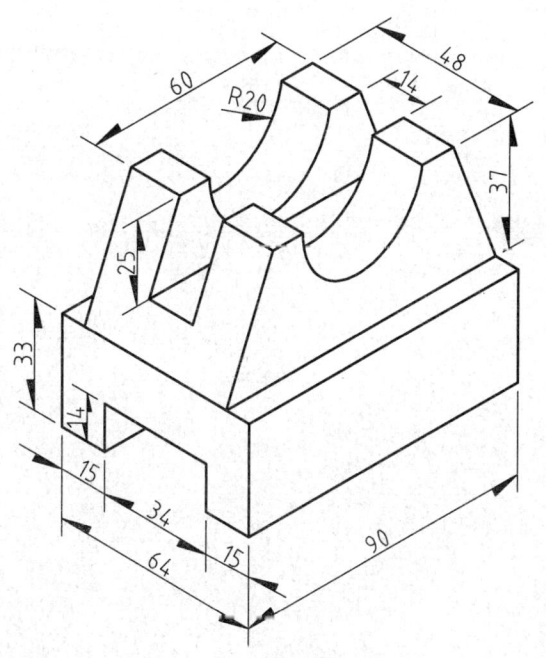

| 模块二　工程形体投影图的绘制 | 班级 | | 姓名 | |

2.3　组合体投影图的绘制（自取比例，画立体模型的三面投影图，并标注尺寸）

3.

模块二　工程形体投影图的绘制	班级		姓名	
2.3　组合体投影图的绘制（自取比例，画立体模型的三面投影图，并标注尺寸）				

4.

模块二　工程形体投影图的绘制	班级		姓名	
2.3　组合体投影图的绘制（根据两面投影图补画第三个投影）					

1.

2.

3.

4.

模块二　工程形体投影图的绘制	班级		姓名	
2.3　组合体投影图的绘制（根据两面投影图补画第三个投影）				

5.

6.

| 模块二　工程形体投影图的绘制 | 班级 | | 姓名 | |

2.3　组合体投影图的绘制（标注尺寸，尺寸取整数）

1.

2.

模块二　工程形体投影图的绘制	班级		姓名	
2.4　轴测图的绘制（补全形体的三面投影图，并绘制正等轴测图）				

1.

2.

模块二　工程形体投影图的绘制	班级		姓名	

2.4　轴测图的绘制（补全形体的三面投影图，并绘制正等轴测图）

3.

4.

模块二　工程形体投影图的绘制		班级		姓名	
2.4　轴测图的绘制（补全形体三面投影图，并绘制正等轴测图）					

5.

6.

| 模块二　工程形体投影图的绘制 | 班级 | | 姓名 | |

2.4　轴测图的绘制（补全形体三面投影图，并绘制斜等轴测图）

1.

2.

模块三　工程形体剖断面图的绘制	班级		姓名	

3.1　剖面图的绘制（绘制形体正立面投影图与正立面剖面图，要求正确进行剖切标注）

模块三　工程形体剖断面图的绘制	班级		姓名	

3.1　剖面图的绘制（绘制形体正立面投影图与正立面剖面图，要求正确进行剖切标注）

模块三　工程形体剖断面图的绘制	班级		姓名	
3.1　剖面图的绘制（画出形体正面和侧面的剖面图，要求正确进行剖切标注）				

| 模块三　工程形体剖断面图的绘制 | 班级 | | 姓名 | |

3.1　剖面图的绘制（绘制形体正立面与侧立面半剖面图，要求正确进行剖切标注，高度从立体图形量取）

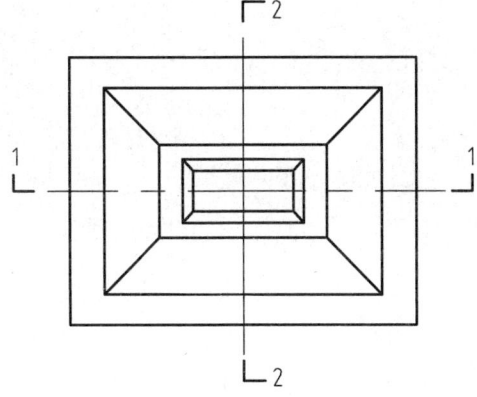
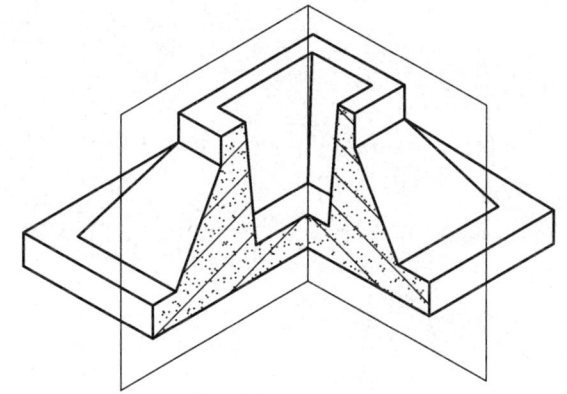

模块三　工程形体剖断面图的绘制	班级		姓名	

3.1　剖面图的绘制（补全水平面投影图并绘制其水平面半剖图）

模块三　工程形体剖断面图的绘制	班级		姓名	

3.1　剖面图的绘制（自选比例，绘制形体的三面投影，并且绘制侧立面剖面图，剖切位置选择与剖切标注正确，并进行尺寸标注）

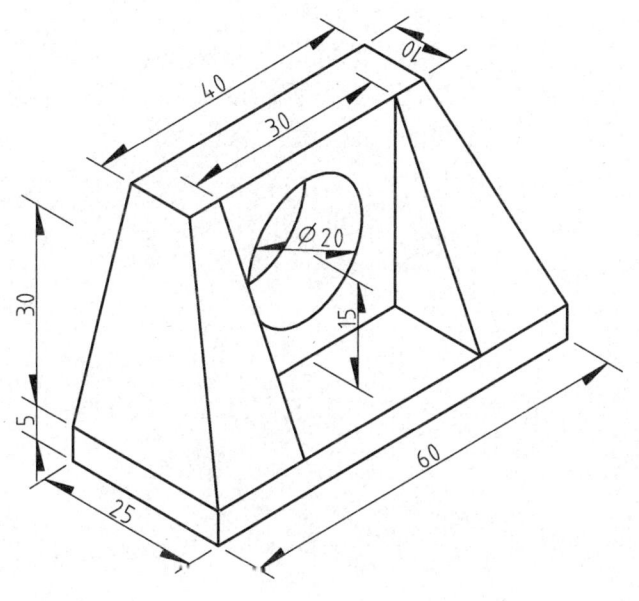

| 模块三　工程形体剖断面图的绘制 | 班级 | | 姓名 | |

3.1　剖面图的绘制（自选比例，绘制形体的三面投影，并且绘制侧立面剖面图，剖切位置选择与剖切标注正确，并进行尺寸标注）

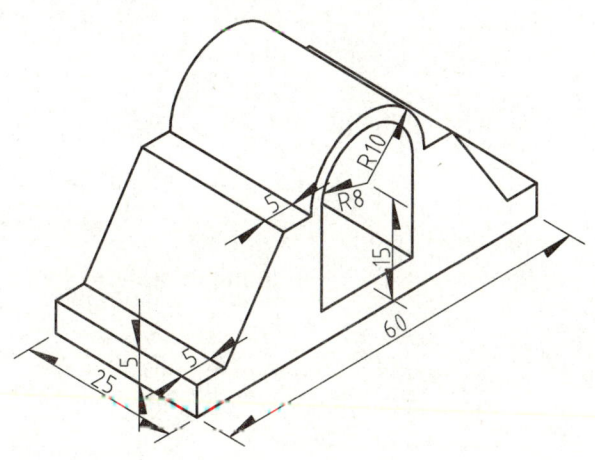

49

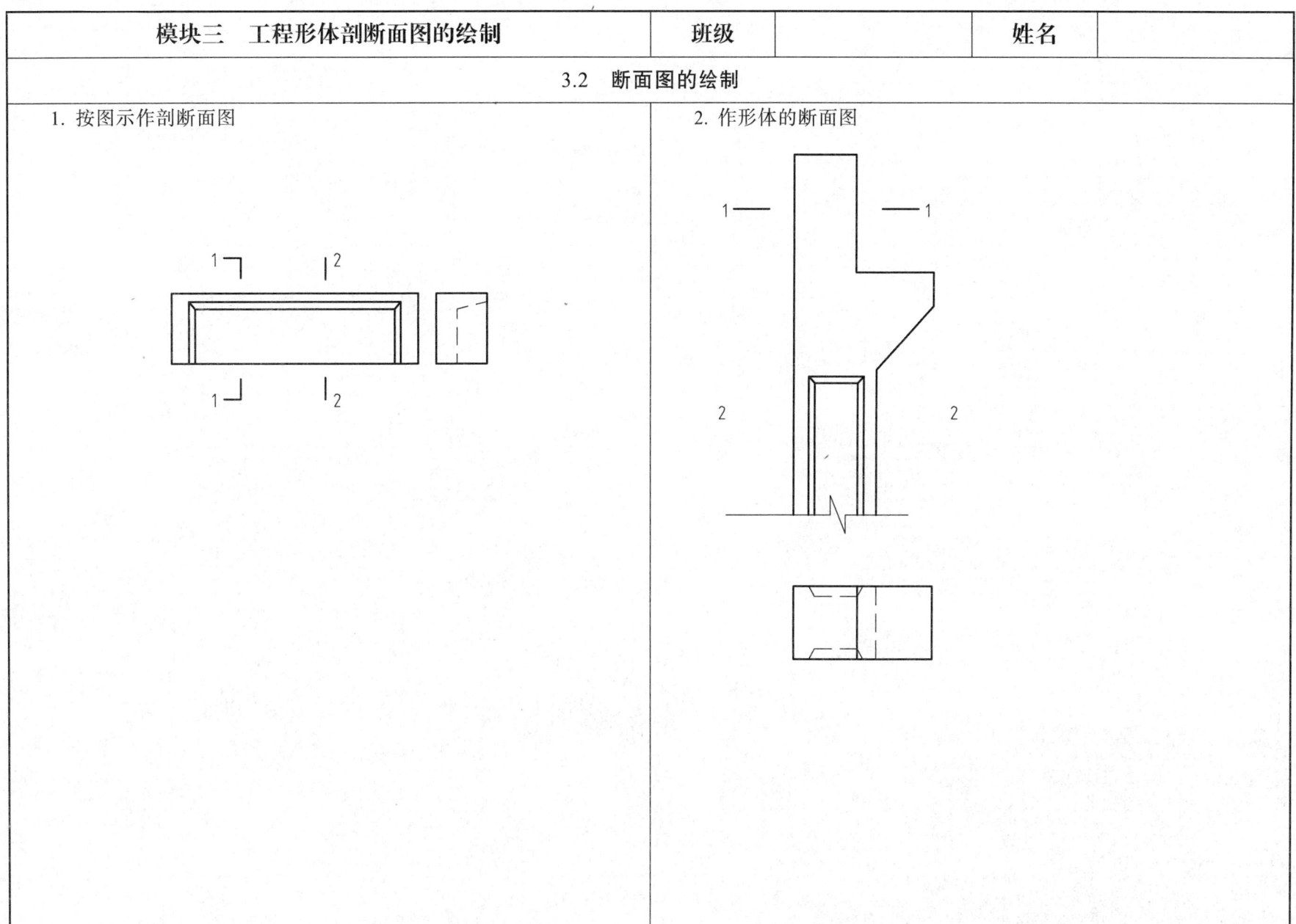

任务指导书

任务一 涵洞洞身正、侧立面图

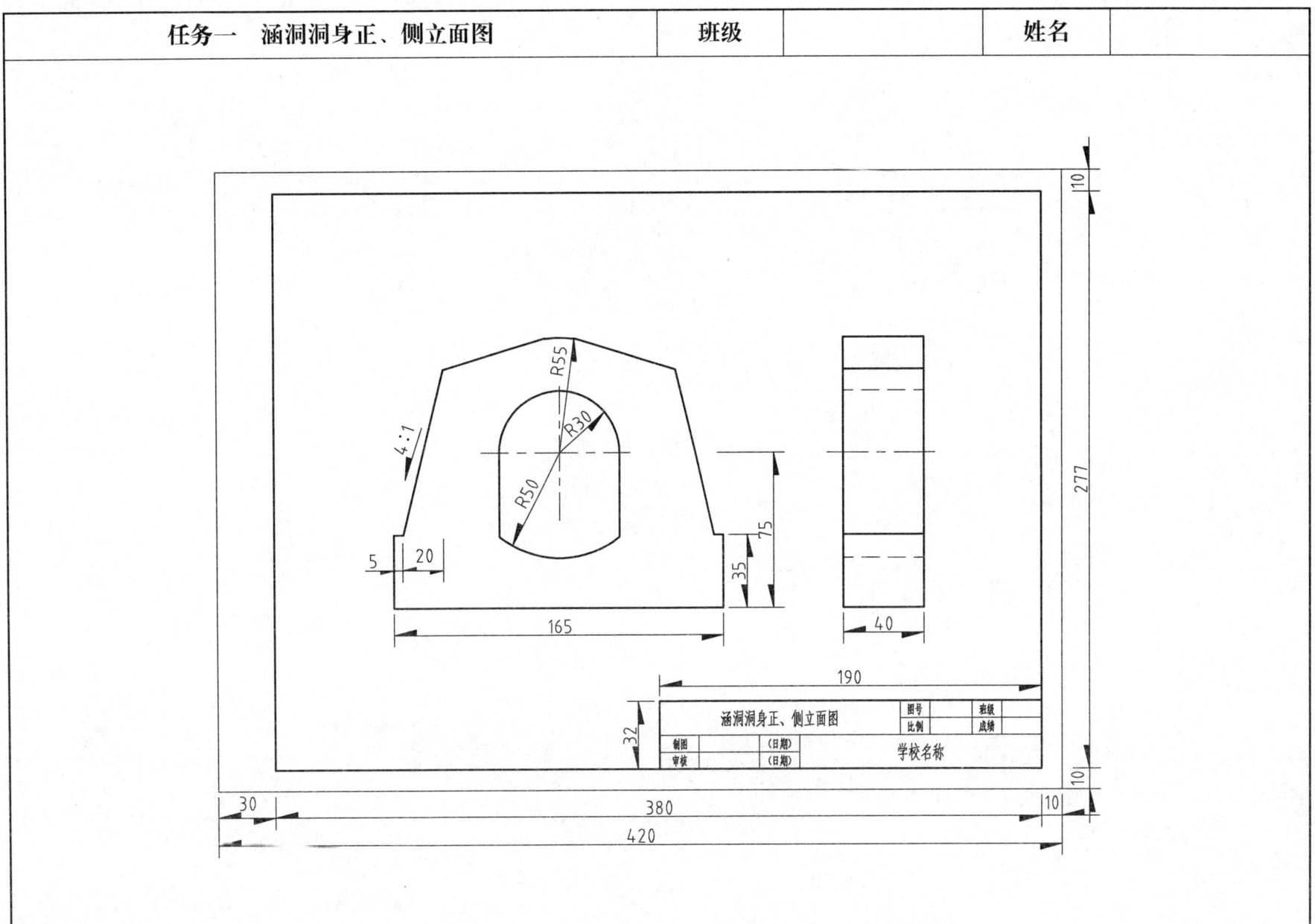

| 任务一　涵洞洞身正、侧立面图 | 班级 | 姓名 |

1. 能力目标

根据国家标准《道路工程制图标准》GB 50162—1992 对图幅、图框、图线、字体、尺寸标注的主要规定，正确抄绘任务一。

2. 具体要求

（1）图名：涵洞洞身正、侧立面图。

（2）图号：No.01。

（3）内容：抄绘任务一图样。

（4）时间：课内 2 课时。

（5）A3 图纸横式使用，要求图幅、图框、标题栏线型和尺寸正确。

（6）线型要符合下列要求：

① 各种线型的宽度比要恰当，本任务中，粗线线宽 1 mm，虚线 0.5 mm；

② 在全图中同类线型（包含直线和圆）的线宽、线段长度、间隔要大小一致；

③ 线条边缘要光滑；

④ 线条相交、相切要准确。

（7）标题栏中的字要用模板打格书写，字体大小符合规定，字形端正。图名、校名为 10 号字体，其他均为 5 号字体，标题栏的绘制见下图，尺寸标注字体为 3.5 号字体。

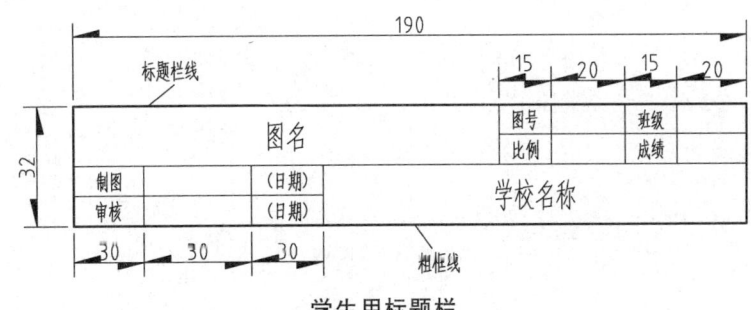

学生用标题栏

（8）布图正确均匀，图面整洁。

（9）不需要标注图幅图框及标题栏尺寸。

3. 作图步骤

（1）准备工作

① 削铅笔。

按要求削好铅笔，2B 铅笔削成扁平状，宽度 1 mm，2H 的铅笔削尖，如下图所示；用纸巾擦净尺子和图板，并将双手清洗干净。

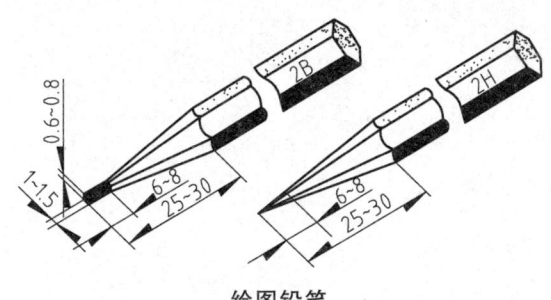

绘图铅笔

② 贴图纸。

先用丁字尺在图板下方给出水平标准，让图纸的长边与丁字尺尺身对齐，再用尺子压住图纸，用透明胶带将图纸的四角贴好，如图所示。

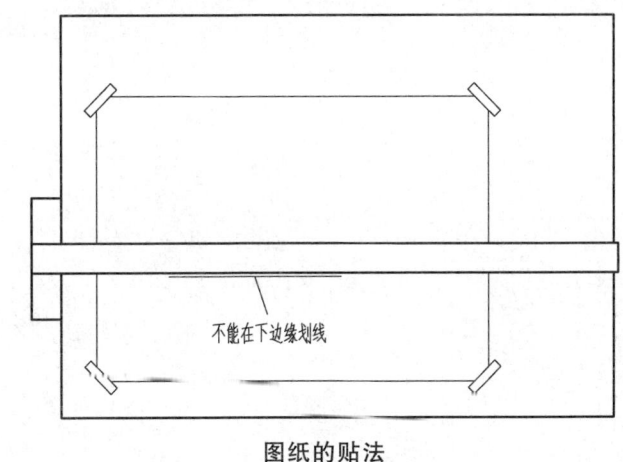

图纸的贴法

任务一　涵洞洞身正、侧立面图	班级		姓名	
（2）画底稿（画底稿皆用 H 或 2H 铅笔）。 ① 画图幅、图框和标题栏。 A3 图纸标准尺寸为 420 mm × 297 mm。左边图框线距离左边图幅线 35 mm，图框另外三条线与图幅线均相距 10 mm。 ② 布图。 图样应在图纸可绘区内居中布置。 图纸绘图可绘区： 长度（左右）方向：420 − 35 − 10 = 375 宽度（前后）方向：297 − 10 − 10 − 32 = 245 计算图样（包括尺寸标注）的长度 L 和宽度 B，进而确定在图纸可绘区内， 左右应留有的空白：$(375 − L)/2$ 前后应留有的空白：$(245 − B)/2$ 确定好图样前后左右在图框中的位置，使图样位于图框可绘区域的中间。 ③ 画各组线的底稿。虚线、单点长划线应画成标准形式。 ④ 校对底稿，修正错误。 （3）填写标题栏内字体。 （4）加粗图线，修饰图画。 加深前先清理图面，擦去多余的辅助线和污垢。 削磨好加深用的铅笔是保证图面质量的关键。为了保证弧线和直线深度一致，圆规用的铅芯应比加深直线用的铅芯软一号（如 2B）。铅芯断面应用细砂纸磨成矩形，且线宽一致。 用 2B 铅笔加粗图线，加粗顺序按先曲后直，先粗后细，并由上至下，从左到右进行。 各投影图中的水平线，应用丁字尺自上而下一起画出；各投影图中的垂线，应用丁字尺和三角板一起画出，切忌用一块三角板描深图线。 除图样中要求加粗的轮廓线外，图框线和标题栏外框线也应加粗。				

任务二 墩帽投影图 | 班级 | 姓名

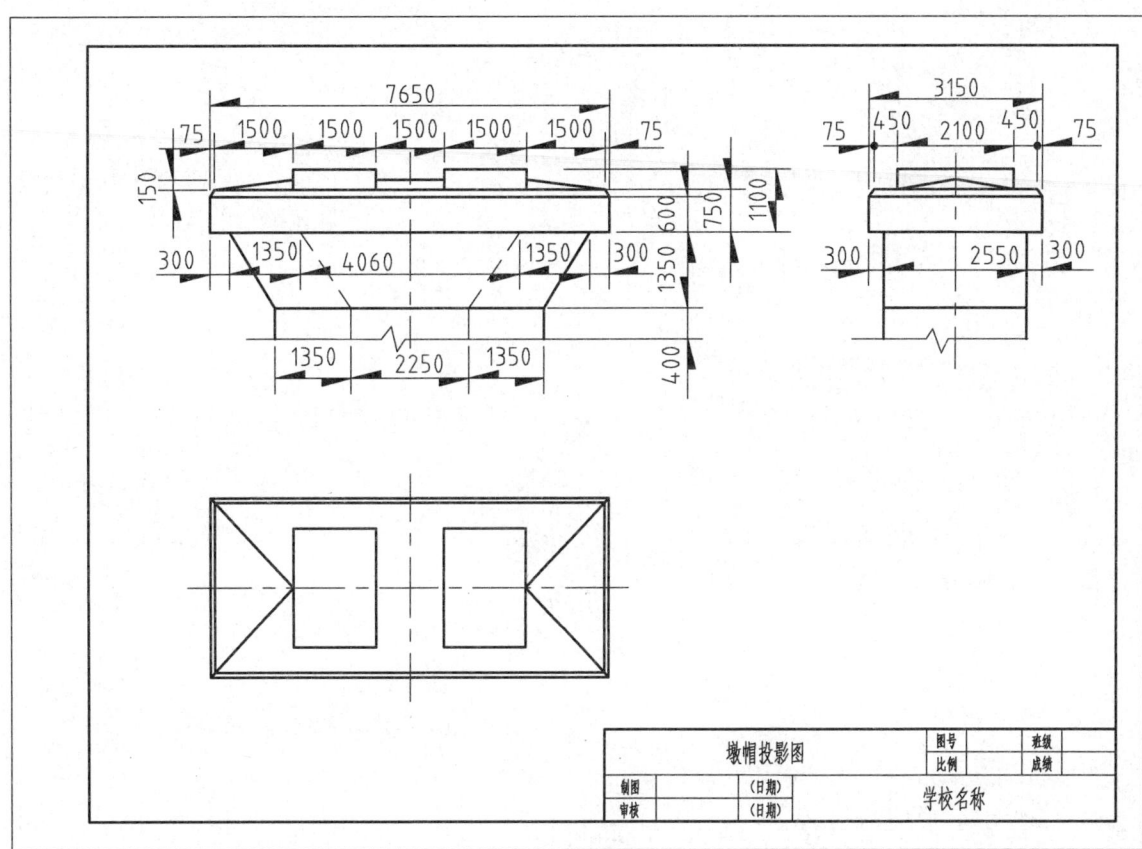

任务二　墩帽投影图	班级		姓名	

1. 能力目标

进一步掌握各种图线的画法及绘图工具的用法，重点强调比例及尺寸标注的正确绘制。

2. 具体要求

（1）图名：墩帽投影图。

（2）图号：No.02。

（3）内容：抄绘任务二图样。

（4）时间：课外2课时。

（5）要求自定比例，比例换算正确。

（6）A3图纸横式使用，要求图幅、图框、标题栏线型和尺寸正确。

（7）线型要符合下列要求：

① 各种线型的宽度比要恰当，本任务中，粗线线宽 1 mm，虚线 0.5 mm；

② 在全图中同类线型（包含直线和圆）的线宽、线段长度、间隔要大小一致；

③ 线条边缘要光滑；

④ 线条相交、相切要准确。

（8）标题栏中的字要用模板打格书写，字体大小符合规定，字形端正。

（9）布图正确均匀，图面整洁。

（10）不需要标注图幅图框及标题栏尺寸。

3. 作图步骤

（1）准备工作。

削好铅笔，再用纸巾擦净尺子和图板，并将双手清洗干净。

（2）画底稿（画底稿皆用 H 或 2H 铅笔）

① 画图幅、图框和标题栏。

② 布图。

根据比例，按照任务一的布图方法，将图样在图纸可绘区居中布置。

③ 画各组线的底稿，正确的进行尺寸标注。

尺寸标注可以按照图样进行抄绘，也可以按照自己的方式进行标注。尺寸标注半箭头以及尺寸数字（3.5 号）均要用模板书写。尺寸数字的大小与比例无关，应为物体的实际大小。

④ 校对底稿，修正错误。

（3）填写标题栏内字体。

图名、校名为 10 号字体，其他均为 5 号字体，尺寸标注字体为 3.5 号字体。

（4）加粗图线，修饰图画

加深前先清理图面，擦去多余的辅助线和污垢。

用 2B 铅笔加粗图线，加粗顺序按先曲后直，先粗后细，从上至下，从左到右。

各投影图中的水平线，应用丁字尺自上而下一起画出；各投影图中的垂线，应用丁字尺和三角板一起画出，切忌用一块三角板描深图线。

除图样中要求加粗的轮廓线外，图框线和标题栏外框线也应加粗。

| 任务三　立交桥图 | 班级 | 姓名 |

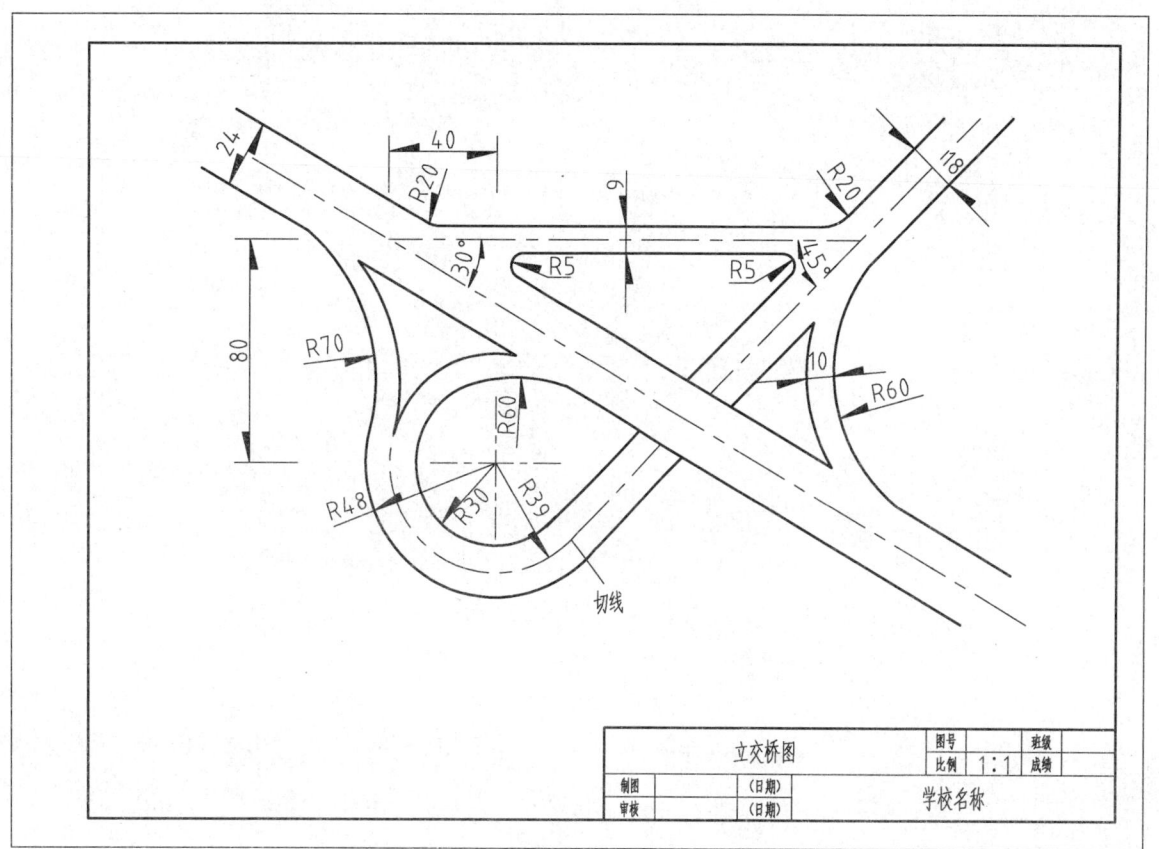

任务三 立交桥图	班级		姓名	

1. 能力目标

准确无误的进行几何作图，如圆弧连接、线段连接。

2. 具体要求

（1）图名：立交桥图。

（2）图号：No.03。

（3）内容：抄绘任务三图样。

（4）时间：课内 2 课时。

（5）要求自定比例，比例换算正确。

（6）A3 图纸横式使用，要求图幅、图框、标题栏线型和尺寸正确。

（7）线型要符合下列要求：

① 各种线型的宽度比要恰当，本任务中，粗线线宽 1 mm，虚线 0.5 mm；

② 在全图中同类线型（包含直线和圆）的线宽、线段长度、间隔要大小一致；

③ 线条边缘要光滑；

④ 线条相交、相切要准确。

（8）标题栏中的字要用模板打格书写，字体大小符合规定，字形端正。

（9）布图正确均匀，图面整洁。

3. 作图步骤

（1）准备工作。

削好铅笔，再用纸巾擦净尺子和图板，并将双手清洗干净。

（2）画底稿（画底稿皆用 H 或 2H 铅笔）。

① 画图幅、图框和标题栏。

② 布图。

根据比例，按照任务一的布图方法，将图样在图纸可绘区内居中布置。

③ 画底稿，正确的进行尺寸标注。

尺寸标注半箭头以及尺寸数字（3.5 号）均要用模板书写。

④ 校对底稿，修正错误。

（3）填写标题栏内字体。

图名、校名为 10 号字体，其他均为 5 号字体，尺寸标注字体为 3.5 号字体。

（4）加粗图线，修饰图画。

加深前先清理图面，擦去多余的辅助线和污垢。

用 2B 铅笔加粗图线，加粗顺序按先曲后直，先粗后细，从上至下，从左到右。

各投影图中的水平线，应用丁字尺自上而下一起画出；各投影图中的垂线，应用丁字尺和三角板一起画出，切忌用一块三角板描深图线。

除图样中要求加粗的轮廓线外，图框线和标题栏外框线也应加粗。

| 任务四　台阶三面投影图 | 班级 | 姓名 |

任务四　台阶三面投影图	班级		姓名	

1. 能力目标

掌握基本体三面投影图的画法，能正确绘制平面基本体的三面投影图并进行尺寸标注。

2. 具体要求

（1）图名：台阶三面投影图。

（2）图号：No.04。

（3）时间：课内 2 课时。

（4）要求自定比例，比例换算正确。

（5）作图方法步骤合理，速度快

（6）A3 图纸横式使用，要求图幅、图框、标题栏线型和尺寸正确。

（7）线型要符合下列要求：

① 各种线型的宽度比要恰当，本任务中，粗线线宽 1 mm，虚线 0.5 mm；

② 在全图中同类线型（包含直线和圆）的线宽、线段长度、间隔要大小一致；

③ 线条边缘要光滑；

④ 线条相交、相切要准确。

（8）标题栏中的字要用模板打格书写，字体大小符合规定，字形端正。

（9）布图正确均匀，图面整洁。

3. 作图步骤

（1）准备工作。

削好铅笔，再用纸巾擦净尺子和图板，并将双手清洗干净。

（2）画底稿（画底稿皆用 H 或 2H 铅笔）。

① 画图幅、图框和标题栏。

② 布图。

根据比例，先在草稿纸上，徒手画出各立体的三面投影图，并注上尺寸。徒手画图，也要符合"长对正，高平齐，宽相等"的基本规律。

参照草稿，按照任务一的布图方法，将图样在图纸可绘区内居中布置。在计算图样的总长与总宽时，要包括尺寸标注所占的长度和宽度，图与图之间的间距要适当。

③ 画底稿，正确的进行尺寸标注。

画底稿时，应先定基准线。正立面图的高度和侧立面图的高度、正立面图的长度和平面图的长度、平面图的宽度和侧立面的宽度应同时画出，以提高做图速度和图形的准确度。

尺寸齐全，配置恰当，字形标准，大小一致，标注符合不重不漏的规则。尺寸标注半箭头以及尺寸数字（3.5 号字体）均要用模板书写。尺寸数字的大小与比例无关，应为物体的实际大小。

④ 校对底稿，修正错误。

（3）填写标题栏内字体。

图名、校名为 10 号字体，其他均为 5 号字体，尺寸标注字体为 3.5 号字体。

（4）加粗图线，修饰图画。

加深前先清理图面，擦去多余的辅助线和污垢。

用 2B 铅笔加粗图线，加粗顺序按先曲后直，先粗后细，从上至下，从左到右。

各投影图中的水平线，应用丁字尺自上而下一起画出；各投影图中的垂线，应用丁字尺和三角板一起画出，切忌用一块三角板描深图线。

除图样中要求加粗的轮廓线外，图框线和标题栏外框线也应加粗。

任务五 拱桥模型三面投影图	班级		姓名	

任务五 拱桥模型三面投影图	班级	姓名

1. 能力目标

掌握三面投影的基本知识，能正确绘制曲面基本体的三面投影图并进行尺寸标注。

2. 具体要求

（1）图名：台阶三面投影图。

（2）图号：No.05。

（3）时间：课外 2 课时。

（4）要求自定比例，比例换算正确。

（5）作图方法步骤合理，速度快。

（6）A3 图纸横式使用，要求图幅、图框、标题栏线型和尺寸正确。

（7）线型要符合下列要求：

① 各种线型的宽度比要恰当，本任务中，粗线线宽 1 mm，虚线 0.5 mm；

② 在全图中同类线型（包含直线和圆）的线宽、线段长度、间隔要大小一致；

③ 线条边缘要光滑；

④ 线条相交、相切要准确。

（8）标题栏中的字要用模板打格书写，字体大小符合规定，字形端正。

（9）布图正确均匀，图面整洁。

3. 作图步骤

（1）准备工作。

削好铅笔，再用纸巾擦净尺子和图板，并将双手清洗干净。

（2）画底稿（画底稿皆用 H 或 2H 铅笔）。

① 画图幅、图框和标题栏。

② 布图。

根据比例，先在草稿纸上，徒手画出各立体的三面投影图，并注上尺寸。徒手画图，也要符合"长对正，高平齐，宽相等"的基本规律。

参照草稿，按照任务一的布图方法，将图样在图纸可绘区居中布置。

在计算图样的总长与总宽时，要包括尺寸标注所占的长度和宽度，图与图之间的间距要适当。

③ 画底稿，正确的进行尺寸标注。

画底稿时，应先定基准线。正立面图的高度和侧立面图的高度、正立面图的长度和平面图的长度、平面图的宽度和侧立面的宽度应同时画出，以提高做图速度和图形的准确度。

尺寸齐全，配置恰当，字形标准，大小一致，标注符合不重不漏的规则。尺寸标注半箭头以及尺寸数字（3.5 号字体）均要用模板书写。尺寸数字的大小与比例无关，应为物体的实际大小。

④ 校对底稿，修正错误。

（3）填写标题栏内字体。

图名、校名为 10 号字体，其他均为 5 号字体，尺寸标注字体为 3.5 号字体。

（4）加粗图线，修饰图画。

加深前先清理图面，擦去多余的辅助线和污垢。

用 2B 铅笔加粗图线，加粗顺序按先曲后直，先粗后细，从上至下，从左到右。

各投影图中的水平线，应用丁字尺自上而下一起画出；各投影图中的垂线，应用丁字尺和三角板一起画出，切忌用一块三角板描深图线。

除图样中要求加粗的轮廓线外，图框线和标题栏外框线也应加粗。

| 任务六　桥墩模型三面投影图 | 班级 | 姓名 |

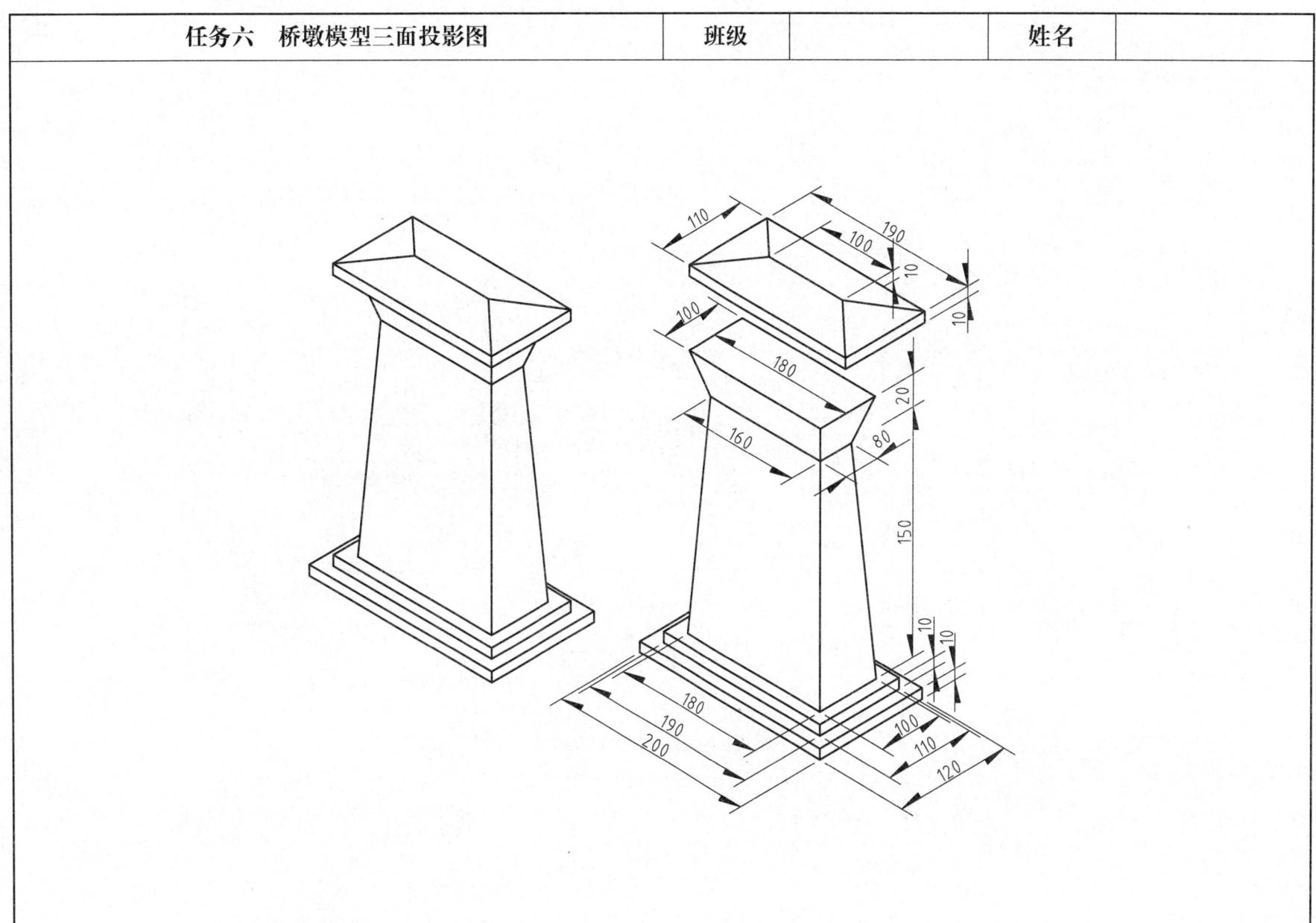

任务六　桥墩模型三面投影图	班级	姓名

1. 能力目标

根据所学理论知识，能正确绘制组合体的三面投影图并进行尺寸标注。力求达到每通过一次练习，都要使自己的作图速度和图面质量有一次提高。

2. 具体要求

（1）图名：桥墩模型三面投影图。
（2）图号：No.06。
（3）时间：课内2课时。
（4）三种尺寸齐全，标注规范、清晰。
（5）要求自定比例，比例换算正确。
（6）作图方法步骤合理，速度快。
（7）A3图纸横式使用，要求图幅、图框、标题栏线型和尺寸正确。
（8）线型要符合下列要求：
① 各种线型的宽度比要恰当，本任务中，粗线线宽1 mm，虚线0.5 mm；
② 在全图中同类线型的线宽、线段长度、间隔要大小一致；
③ 线条边缘要光滑；
④ 线条相交、相切要准确。
（9）标题栏中的字要用模板打格书写，字体大小符合规定，字形端正。
（10）布图正确均匀，图面整洁。

3. 作图步骤

（1）准备工作。

削好铅笔，再用纸巾擦净尺子和图板，并将双手清洗干净。

（2）画底稿（画底稿皆用H或2H铅笔）。

① 画图幅、图框和标题栏。
② 草图。

画草图并标注尺寸。虽是草图，但各部分的比例要大致与事物相符。坚持徒手画线，不用圆规不用尺，线条不过分求圆求直，要快，但也不可潦草。

画草图前先对组合体做认真的形体分析，弄清各组成部分的形状和位置关系。

画图时，各基本体的投影，按主次逐步叠加，并先从反映形体主要特征的图画起，三面图穿插进行，做到各棱各面的投影上下对正，高度平齐，宽度相等。

为了不遗漏尺寸，建议画图时，每画完一个基本体的三面图，立即将其定形尺寸、定位尺寸的尺寸线标出，待草图画完后，再将重复尺寸及位置不当的尺寸加以调整。

③ 画底稿，正确的进行尺寸标注。

画底稿时，应先定基准线。按照草图，快速画底稿。

正立面图的高度和侧立面图的高度、正立面图的长度和平面图的长度、平面图的宽度和侧立面图的宽度应同时画出，以提高做图速度和图形的准确度。

尺寸齐全，配置恰当，字形标准，大小一致、标注符合不重不漏的规则。尺寸标注半箭头以及尺寸数字（3.5号字体）均要用模板书写。尺寸数字的大小与比例无关，应为物体的实际大小。

④ 校对底稿，修正错误。

（3）填写标题栏内字体。

图名、校名为10号字体，其他均为5号字体，尺寸标注字体为3.5号字体。

（4）加粗图线，修饰图画

加深前先清理图面，擦去多余的辅助线和污垢。

用2B铅笔加粗图线，加粗顺序按先曲后直，先粗后细，从上至下，从左到右。

各投影图中的水平线，应用丁字尺自上而下一起画出；各投影图中的垂线，应用丁字尺和三角板一起画出，切忌用一块三角板描深图线。

除图样中要求加粗的轮廓线外，图框线和标题栏外框线也应加粗。

任务七　拱门模型正等轴测图	班级		姓名	

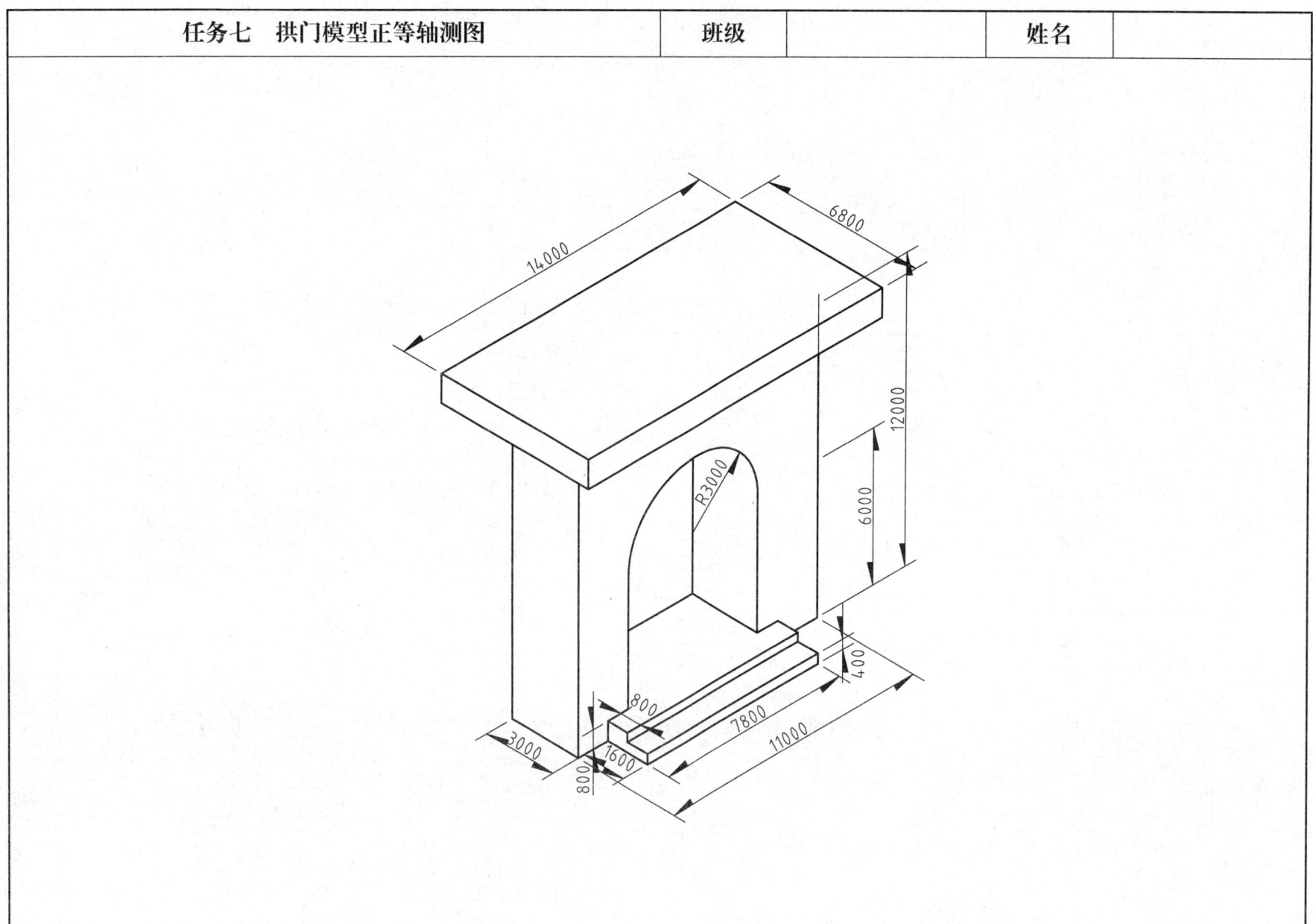

任务七　拱门模型正等轴测图	班级		姓名	

1. 能力目标

了解轴测图的作用和特点，掌握其画法。

2. 具体要求

（1）图名：拱门模型正等轴测图。

（2）图号：No.07。

（3）时间：课内 2 课时。

（4）内容：抄绘拱门模型正等轴测图。

（5）轴测图图示效果明显，作图正确。

（6）轴测图选取的比例应比三面投影图小。(如三面投影图采用 2∶1，轴测图就用 1∶1)

（7）A3 图纸横式使用，要求图幅、图框、标题栏线型和尺寸正确。

（8）线型要符合要求。

（9）标题栏中的字要用模板打格书写，字体大小符合规定，字形端正。

（10）布图正确均匀，图面整洁。

3. 作图步骤

（1）准备工作。

削好铅笔，再用纸巾擦净尺子和图板，并将双手清洗干净。

（2）、画底稿（画底稿皆用 H 或 2H 铅笔）。

① 画图幅、图框和标题栏。

② 草图。

画草图前先对形体做认真的形体分析，弄清各组成部分形状和位置关系。选择恰当的比例绘制草图，坚持徒手画线，不用圆规不用尺，速度要快，但也不可潦草。

③ 布图。

④ 根据草图绘底稿。

（3）填写标题栏内字体。

图名、校名为 10 号字体，其他均为 5 号字体，尺寸标注字体为 3.5 号字体。

（4）加粗图线，修饰图画。

加深前先清理图面，擦去多余的辅助线和污垢。

用 2B 铅笔加粗图线，加粗顺序按先曲后直，先粗后细，从上至下，从左到右。

各投影图中的水平线，应用丁字尺自上而下一起画出；各投影图中的垂线，应用丁字尺和三角板一起画出，切忌用一块三角板描深图线。

除图样中要求加粗的轮廓线外，图框线也应加粗。

任务八　桥台三面投影及剖面图　　班级　　　　姓名

前台　　后台

任务八　桥台剖面图	班级		姓名	

1. 能力目标

理解剖面图的意义，能正确进行剖切符号的标注以及剖面图的画法。

2. 具体要求

（1）图名：桥台剖面图。

（2）图号：No.08。

（3）时间：课内2课时。

（4）内容：在A3图纸上取合理的比例绘制其三面投影图并绘制出正面全剖图和侧立面半剖面图。

（5）剖切面选择恰当，剖切符号标注正确。

（6）尺寸标注完整、清晰，内外尺寸标注分明。

（7）线型要符合要求。图例线用细线绘制，方向一致、间隔均匀。（间隔不小于2 mm）

（8）A3图纸横式使用，要求图幅、图框、标题栏线型和尺寸正确。

（9）标题栏中的字要用模板打格书写，字体大小符合规定，字形端正。

（10）布图正确均匀，图面整洁。

3. 作图步骤

（1）准备工作

削好铅笔，再用纸巾擦净尺子和图板，并将双手清洗干净。

（2）画底稿（画底稿皆用H或2H铅笔）

① 画图幅、图框和标题栏。

② 布图。

③ 打底稿。

打底稿时要注意，在画剖面图之前可先将相应的投影图做出来，再改成剖面图。剖面图作完后应立即注出剖切符号、剖面图名称和有关尺寸。

④ 校对底稿，修正错误。

（3）填写标题栏内字体。

图名、校名为10号字体，其他均为5号字体，尺寸标注字体为3.5号字体。

（4）加粗图线，修饰图画。

加深前先清理图面，擦去多余的辅助线和污垢。

用2B铅笔加粗图线，加粗顺序按先曲后直，先粗后细，从上至下，从左到右。

各投影图中的水平线，应用丁字尺自上而下一起画出；各投影图中的垂线，应用丁字尺和三角板一起画出，切忌用一块三角板描深图线。

除图样中要求加粗的轮廓线外，图框线也应加粗。